Candaya Poesía, 34

CARTA AL PADRE

Diseño de la colección: Francesc Fernández
Imagen de la cubierta: Francesc Fernández

© Jesús Aguado
© Por el epílogo: José Antonio Garriga Vela

Primera edición: febrero de 2026

© Editorial Candaya S.L.
Camí de l'Arboçar, 4 - Les Gunyoles
08793 Avinyonet del Penedès (Barcelona)
candaya@candaya.com / www.candaya.com
facebook.com/edcandaya

BIC: DCF
ISBN: 978-84-18504-89-1
Depósito Legal: B 4469-2026

Este libro se terminó de imprimir en el mes de febrero de 2026 en los
talleres de Estugraf Impresores S.L, en Ciempozuelos (Madrid).

JESÚS AGUADO

CARTA AL PADRE

Epílogo
José Antonio Garriga Vela

EDITORIAL CANDAYA

MI PADRE Y LOS MOSQUITOS
Prólogo

Cuando mi padre falleció, hace ya más de una década, envié la siguiente nota a mis amigos:

"Mi padre, cuando llegaba el verano, tenía una teoría sobre los mosquitos que le atacan a uno durante el sueño: levantarse, dirigirse al cuarto de baño, encender la luz de allí, esperar un poco y cerrar la puerta de golpe. Según él, el mosquito, atraído por la bombilla despierta, se quedaba encerrado y entonces uno podía regresar a la cama con la certeza de que no le volvería a despertar con sus zumbidos glotones. Le vi poner en práctica esa estratagema mil y una veces, y yo mismo me entregué fanáticamente a ella a lo largo de varias décadas sin que en mi caso se pudiera decir que tuviera demasiado éxito. Luego he sabido que eso es un error muy extendido porque lo que atrae a los mosquitos no es la luz sino el calor del cuerpo humano. Pero a él le funcionaba, y eso era lo importante. Desde hace casi un año el mosquito que ha estado acechando a mi padre ha sido de mayor tamaño y se llama, o solemos llamarlo, muerte. Su estrategia para esto ha sido la misma: jugar al despiste: dejarle una luz encendida en donde él no estuviera, cerrar puertas, mirar hacia otro lado, ponerse a hacer crucigramas, enfadarse, quejarse de dolores que no tenía y callarse los que sí le torturaban, rehusar contestar a lo que se le preguntaba y contestar muy serio preguntas no formuladas, decir que se estaba comiendo una mandarina cuando en realidad estaba sorbiendo un yogur... La muerte, a pesar de toda la experiencia que tiene, ha caído una y otra vez, para sorpresa de los médicos, en estas trampas y, aunque le ha rozado en decenas de ocasiones, no había conseguido clavarle su aguijón hasta hace unas horas. Lo ha hecho, eso sí, con sus manos agarradas a las de mi madre y de mi hermana Rocío, pura bendición ambas para él".

Luego seguían unas líneas de agradecimiento a quienes se habían interesado por él. Luego, también, este libro, que había esperado unos cuantos años su momento de salir a la luz porque no quería interferir en los distintos momentos de su despedida. De su despedida conmigo, por ejemplo, algo que yo ansiaba tanto, y que propicié de mil maneras, porque necesitaba una buena conversación que pusiera a secar una vida de relación frustrada antes de que fuera demasiado tarde. Él no quiso. De hecho, usó conmigo la estrategia del mosquito: cada vez que una palabra mía (de negociación, de aclaración, de perdón, de desahogo, de tristeza, de ánimo...) entraba en su campo gravitatorio la espantaba a manotazos fingiendo que tenía sueño, hambre o ganas de ver un partido de fútbol. Yo buscaba el calor de su afecto (una expresión cursi que reivindico porque era eso exactamente lo que yo necesitaba) y él, sin contemplaciones, me dejaba encerrado, desorientado, desfeliz y desenraizado en un cuarto de baño, eso sí, con el fluorescente, ese falso sol, ese falso padre, encendido.

Lo que quería contar del nosotros, ese espacio de deshaucio y rabia, está en este libro. Podría haberle añadido, en esta segunda edición que debo a la generosidad de la tribu Candaya, más "historias" o más metáforas, pero hubieran sido redundantes, más de lo mismo. Podría haber incluido análisis, es decir, las conjeturas que he ido desgranando a lo largo de mi existencia para situarme y no caer, para entender sin descreer de mí, para construir sobre tierra frágil sorteando ese constante riesgo de derrumbe que define (o definía hasta que yo mismo fui padre y cambié mi puñado de sombras por esa luz constante que es mi hija Ada) lo que soy. Podría haber ampliado el apéndice con textos (cuentos, artículos, cartas, entrevistas) que escribí directa o indirectamente para él; sabía que algunos de ellos, sobre todo las columnas que publiqué durante dieciocho años todos los domingos en un periódico, los leía con atención.

Sí quiero contar, para terminar, algo que ocurrió cuando presenté la primera edición de este libro, una arriesgada apuesta de la Fundación José Manuel Lara que agradecí tanto, en Barcelona. Fue en la librería Nollegiu. Un señor que podría tener la edad de mi padre me pidió que le dedicara la obra antes de que comenzara el acto. Cuando este llevaba ya un cuarto de hora se levantó airado, arrojó con fuerza el libro a una papelera y se fue. Imagino que él creía que el libro era un homenaje a mi padre y que, cuando se dio cuenta de que era más bien un pliego de cargos, no por poéticos menos duros, no quiso llevarse su volumen, que tampoco podía devolver por estar firmado por mí. Enseguida supe que ese hombre era una especie de representante de mi padre, que le había enviado para replicarme o exponer, de ese modo dramático, su versión de los hechos. Tenía y tiene derecho a hacerlo. Uso el presente porque, en efecto, sigue ejerciendo este derecho desde las otras personas que se enfadan con mi testimonio y me lo hacen saber de un modo u otro. Familiares que me han retirado la palabra o un amigo íntimo que también lo hizo (sin conocer a mi padre, sólo por haber puesto en entredicho una figura para él sagrada), por ejemplo. Sin embargo, son muchas más las personas que se han acercado a mí para agradecérmelo después de leerlo, algunas de las cuales se han animado, siguiendo mis pasos (y los de decenas de otros autores y autoras, desde Kafka hasta Ackerley, cuyas obras devoro y me siguen enseñando tanto), a escribirle una carta a su padre o a su madre. La generación de mi padre tuvo una pobre educación emocional y, aunque no es excusa, por eso cazaba mosquitos a cañonazos. No le reprocho nada. Aquí no hay venganza. Sólo heridas curtiéndose a la intemperie: la mía y la de quienes se acerquen a estas páginas. Siempre le deseé, y sigo haciéndolo, lo mejor.

Jesús Aguado, 2025

CARTA AL PADRE

PADRES

Cuando mi padre construyó en el jardín una nave espacial (con chatarra, con musgo, con pedazos de loza, con caparazones de escarabajos, con botellas vacías, con ramitas), me sorprendió: ¿cómo es que, en los siete años que yo llevaba habitando esa casa, no me había dado cuenta de que ésta tenía un jardín?

Cuando en la tele daban una mala noticia (en el telediario, en las películas, en los documentales) mi padre se ponía a cantar bajito. Dulce. Como si entrara en trance. Casi flotando en su butaca de cuero negro. Un chamán. Un niño a punto de ser descubierto debajo de una cama. Y entonces le miraba y, sin preguntarle, me levantaba y le traía un vaso de agua helada.

Mi padre era ágil y vivía atento (como una manzana verde vive pendiente del sol) pero tropezaba muchas veces. Los obstáculos, enamorados, intrigados, le buscaban.

Mi padre no sabía arreglar grifos, enchufes, mesas cojas, fallebas, lámparas, toldos, pantalones, hornos, teléfonos. Mi padre tampoco sabía arreglar lo que rompen los gritos, los malos silencios, los malentendidos, las bromas de dudoso gusto, las desatenciones. Pero sabía arreglar gafas. Eso lo hacía mejor que nadie.

Mi padre sólo se acordaba de mí para olvidarme mejor. Sus olvidos eran memorables. Como aquella vez en la playa. O en el aeropuerto. O el día de mi boda. Desmemoria creativa, amorosa, liberadora. Qué habría sido de mí sin sus olvidos.

Mi padre dijo ¡salta! Su voz alerta, perentoria. Pero es sólo una juntura en el pavimento. No. Es un río. Hay pirañas. Hay caimanes. Está, hambriento, el dios del remolino. Está, sedienta, la sombra del baobab. ¡Salta! Me agarró con fuerza de las manitas. Salté. Ahora veo un río sangriento en cada raya. Y me quedo quieto. Me hundo en ella. ¡Padre!

Una vez me perdí en un bosque. Mi padre, en vez de salir a buscarme, se tendió debajo de un árbol. Sus ronquidos me orientaron. Cuando despertó me encontró dormido dentro del coche. Me puso una manta encima. Regresamos a casa.

Mi padre es alto. Mi padre es bajo. Mi padre fuma. Mi padre no fuma. Mi padre pega. Mi padre acaricia. Tengo dos padres. No tengo ninguno.

Mi padre se subió al tejado. Estaba a punto de caer una tormenta. Un gato maullaba. Le quité la escalera de mano. Era un juego, nada más. Un juego. Cuando comenzó a llover, me acurruqué dentro de la caseta del perro a ver qué pasaba. De repente rayos y truenos. Asustado, junté todas mis fuerzas para volver a colocar la escalera apoyada contra la pared. Grité. Nada. Volví a gritar. Temblando, subí agarrándome a los escalones resbaladizos. Aullé. Al llegar arriba: ni el gato ni mi padre. Todavía les busco.

Mi padre llegaba cansado del trabajo. Caminaba durante horas repartiendo cartas, paquetes. Calentaba agua, la vertía en una jofaina antigua desportillada, sumergía en ella hierbas aromáticas. Entonces se descalzaba y metía los pies dando un suspiro. Yo hacía barcos de papel y organizaba batallas navales entre los arrecifes de sus dedos. Cada vez que terminaba una página doble del periódico que estaba leyendo, me la pasaba para que repusiera la flota. Felicidad.

Mi padre, de vez en cuando, me dejaba acompañarle en el taxi y cobrarle a los viajeros. Las propinas eran para mí. Una vez tuvimos un accidente y él se abrió la cabeza contra el parabrisas. A mí no me pasó nada. Pero su sangre en mi cara y en mi ropa y mis gritos desesperados les hizo creer a los demás que el que estaba grave era yo. Me metieron en una ambulancia mientras a él le hacían una cura de urgencia tendido sobre la acera. El médico era muy joven. Su sonrisa congelada. Su miedo. Debió creer que algunas heridas desaparecen solas. Me palpaba. Se paseaba por mis huesos. Él nunca llegó a entender lo que yo entendí a los pocos minutos: que no me estaba curando a mí sino a mi padre. Suturar a distancia. Mi padre con un gran turbante blanco recibiéndome con los brazos abiertos a la puerta del hospital.

Un verano mi padre abrió un bollo de pan y untó sus rebanadas con margarina. Luego metió un palo en un hormiguero y, cuando apenas podía verse, lo aplastó contra la miga pringosa. La margarina negra. La margarina viva, bullidora. Juntó las dos partes y se puso a masticar. ¿Quieres probar?, me dijo. Lo aprendí en África. Cuando la guerra. Pero a esto le falta un buen trago de cerveza. ¿Me puedes conseguir una? Desde entonces bebo cerveza para quitarme este gusto a hormigas que van dejando las guerras de la vida.

Mi padre es cojo. Le aplastó la pierna un caballo durante una sesión rutinaria de doma. Le castigó tanto con el bocado que se cayó de costado. Tiraba de las riendas y le azotaba con la fusta. El animal echaba espumarajos blancos. Qué culpa tenía él de que a mi padre ese día le hubiera abandonado mi madre. Ahora es cojo y no puede correr detrás de ella. Nunca la va a alcanzar. Ni a nadie más. Quizás ni a sí mismo. Yo sí podría hacerlo. Mi madre no corre más que yo. Pero si lo hago, ¿quién se va a ocupar de que mi padre no vuelva a ensañarse con una pobre bestia?

Mi padre se pintaba las uñas de los pies. Cada una de un color. Sólo yo estaba en el secreto. Si hacía buen tiempo, se sentaba en la mecedora del balcón y apoyaba las piernas en la barandilla. Si no, me pedía que soplara para que se secaran más rápido. Luego se vestía de traje y corbata y se iba a la oficina. Nadie podía adivinar el arcoiris de sus uñas. Sol después de la lluvia: así era él.

Mi padre tocaba la trompeta en un grupo de jazz. Le veía poco porque siempre andaba de gira. Para dormir me ponía alguno de sus discos. Eso fueron mis nanas durante muchos años. Mis cuentos infantiles. Su mano en mi frente. El beso antes de apagar la lámpara de la mesilla. Una canción se llamaba "Llora tus piedras antes de que te aplasten, cariño". Otra, "Con tus manos de seda y nada más". Otra, "Un ahogado sonríe en el fondo del río". Otra, "La luna tampoco lo sabe". Sólo le salían bien las canciones melancólicas. Pero él, cuando llegaba, era un vértigo de risas y partidos de fútbol en el pasillo. La tristeza la cosechaba fuera. No dejaba que traspasara las puertas de nuestra casa.

Todos los sábados íbamos a visitar a mi padre al psiquiátrico. Las pastillas le volvían manso. Su mirada bovina, resignada, en ángulo muerto. Cuando nadie me veía le pegaba un puntapié en la espinilla. Por el brazo roto. Por los moratones. Por el mapa de la rabia que habían dibujado sus puños en mi piel. No las sentía o le daba igual. Patadas de algodón a una montaña.

A mi padre le hubiera gustado ser funámbulo. Tender un cable entre dos rascacielos. Pasearse entre los pájaros. Sentirse zarandeado por el viento. Hablarle a Dios al oído, casi de tú a tú. Practicaba los fines de semana en el parque. La cuerda tensa entre los troncos. Nunca a más de un metro de altura. Daba dos, tres pasos y se caía. Y vuelta a empezar. Tenacidad, torpeza. Ya anciano y padeciendo de arterioesclerosis, decidí hacerle un regalo: me convertí en su abismo.

Mi padre ya estaba desahuciado y la muerte buscaba una rendija por la que entrar a buscarle. No la encontraba. Él hacía sudokus y veía partidos de fútbol en la televisión. No he terminado, no ha terminado se imaginaba uno que contestaba. Vuelva más tarde. Concentrado en el papel, en la pantalla. Con el ceño fruncido. Los médicos no se lo explicaban. La muerte metía sus uñas negras en las fisuras (cuando bajaba la guardia, cuando echaba una cabezada, cuando se quejaba de un dolor, cuando ponían anuncios o pasaba la página del libro de pasatiempos) y tiraba con todas sus fuerzas. Nada. Semanas, meses. La muerte, tan vieja, no ha aprendido todavía su oficio. Le hubiera bastado con aficionarse a los sudokus, a los partidos de fútbol. Fingir un poco para ganarse su confianza. Susurrarle una solución, anticiparle un resultado. Eso le hubiera abierto de par en par. Eso lo hubiera hecho todo mucho más fácil.

Mi padre vendía churros en las ferias de los pueblos. Mi padre reparaba motos en un taller. Mi padre montaba andamios. Mi padre pertenecía a la plantilla de una cadena de montaje de una fábrica de electrodomésticos. Mi padre cobraba el peaje en una autopista. Mi padre barría las calles. Mi padre era reponedor en un supermercado. No recuerdo a qué se dedicaba mi padre. Sólo me acuerdo de que los viernes y los sábados por la noche yo me quedaba dormido debajo de la mesa donde él y sus amigos bebían a gritos. En mi jersey los círculos negros deshilachados producidos por las colillas a medio consumir. Mis mejillas y mis manos pegajosas y agrias del vino derramado. Hediondas fumarolas escapándose por entre las botas recosidas. De madrugada mi padre me cogía en brazos y me llevaba tambaleándose a casa. Mi padre me cogía en brazos.

Mi padre era explorador. Ninguna geografía, por remota que fuera, se le resistía. Ninguna excepto yo.

Lo que más le gustaba a mi padre era mirar por la ventana. Se pasaba horas haciéndolo. Un gran invento la ventana, murmuraba de vez en cuando. Y nada más. Un gran invento. Qué gran invento. La ventana. ¡Ah! Como no la limpiaba nunca, sin embargo, un día, después de algunos años, dejó de ser transparente. El polvo seco, el humo de los coches, los dedos manchados de la lluvia. La ventana ya no se asomaba a la calle. Era un muro. Un espejo ciego. Pero a mi padre no pareció importarle. Qué gran invento la ventana, seguía comentando en voz baja. ¡Ah, la ventana!

Aquel cabrón venía por mí. Mi padre se interpuso y recibió el disparo que me estaba destinado. Se quedó parapléjico. Fue para nada porque la segunda bala, certera y embriagada, entró por mi entrecejo y acabó volándome la cabeza.

Mi padre se hizo vegetariano, se puso a practicar yoga, dejó de fumar y de beber. A todo lo que le preguntabas respondía "Om". Qué hay para cenar. Om. A qué hora vuelves. Om. Me das dinero para la compra. Om. Dejó de lavarse, de hacer traducciones, de contestar las llamadas. Meditaba todo el rato. Se pasaba el tiempo inexistiendo. Inexistente, inexistible, inexistidor. Cuando acabó disolviéndose en el aire de su cuarto (cuajado de agriedades, irrespirable) no hice nada por buscarle. Om.

Mi padre volvía del campo cargado de romero y de tomillo. Cuando entraba por la puerta de la cocina sonriendo ya sabía que ese día prepararía un arroz con conejo que sabría a esas yerbas delicadas. Cada grano consciente de sí mismo. Cada pedazo de carne concentrado en su sabor. Cada tira de pimiento verde o rojo callada en el centro de su ser. Cada gota de aceite dorando las cebollas y el resto de ingredientes con amor encendido, con amor natural. Un arroz vivo. Podría haberlo hecho sin usar ninguna sartén. Podría haberlo hecho dentro de sus manos ahuecadas ofrecidas al fuego. Mi padre de romero y de tomillo, de yerbabuena y de mejorana, de hinojo y de anís.

Cuando mi padre me perseguía enarbolando una espada de doble filo, los fantasmas del castillo me cogían con fuerza de las manos y me hacían atravesar un muro. Él acababa ensañándose contra las armaduras que vigilaban los corredores.

Cuando un carro cargado de vigas aplastó al sacristán, mi padre se ofreció a hacer de campanero de la iglesia del pueblo. Desde pequeño había tenido esa ilusión. Una madrugada las campanas se volvieron locas. Mi padre colgaba ahorcado de una de las cuerdas y bailaba, arriba y abajo, la danza de la resurrección. Todos pensaron que había sido un suicidio.

Cuando mi padre se estaba muriendo, le llevé un puñado de caramelos de menta. Sin quitarles el papel, se los fui metiendo uno por uno en la boca. Él, sedado pero no inconsciente del todo, intentó resistirse. Una lágrima comenzó a bajar por su mejilla izquierda. Al verla, mi llanto se desató. Lloré entre convulsiones mientras apretaba los caramelos contra sus encías vacías. Me retiré justo a tiempo para que su vómito no me alcanzara. Luego, agotado por el esfuerzo, se quedó dormido. Ya no volví a verle con vida. Caramelos de menta: él sabía lo que estaba queriendo decirle.

Mi padre quedaba bien en las fotos. Mejor que en la realidad. Engañaba a las máquinas. Engañaba al arte. Fotogenia del alma desatenta.

Mi padre me cogía con las pinzas, me colocaba en el portaobjetos, regulaba los cristales de aumento del microscopio. A veces coloreaba con una solución rojiza mis artejos o me arrancaba los élitros para sumergirlos en un minúsculo bote de formol. Quería conocerme bien, mi padre.

CARTA AL PADRE

El rayo entró por la ventana mientras estábamos cenando. Zigzagueó alrededor de la jarra de agua y de los platos hondos. La mesa temblaba. El mantel de cuadrados blancos y azules se puso a arder tímido, sin creerse del todo el fuego que lo estaba despertando. Cuando el rayo me vio se dirigió, ya sin titubear, directo a mi corazón. Entonces tu mano lo agarró y lo arrastró, tirando de él con todas sus fuerzas, fuera de la casa. Luego cerraste la ventana, apagaste el mantel con el agua de la jarra y seguiste tomándote la sopa. En la palma de tus manos una cicatriz que no se te borró nunca. Cada vez que me tocabas con ella me quedaba dormido enseguida.

Una vez construiste una casa con tus propias manos. Ladrillos, tuberías, cemento, cables eléctricos, tejas: sabías qué hacer con todo eso. Yo te contemplaba desde la rama de un árbol y a veces, feliz, corría a llevarte la lijadora, un martillo, la cubeta de las mezclas. Desde esa rama vi crecer la casa, ese nido de luz y polvo que yo pensaba que hacías para mí. Un día, ya a punto de terminarla, me dijiste "aléjate hasta esa colina" y la hiciste saltar por los aires. Los pájaros se asustaron definitivamente y yo no pude volver a sentarme en la rama, que la onda expansiva había quebrado por la mitad. Tú, sin hacernos caso ni a los pájaros ni a mí, desescombraste todo y volviste a comenzar de nuevo.

Me enseñaste a jugar al ajedrez. Al principio todo iba bien: aprendía las reglas, aprendía a caminar sin hacer ruido dentro del tiempo, aprendía las estrategias, y aprendía a ir siendo poco a poco las reglas, el tiempo y las estrategias que el juego desplegaba. Aprendía a jugar fuera del juego, a aceptar y a habitar las emociones que el juego me regalaba para después del juego. Pronto me di cuenta de que no me lo enseñabas todo porque no querías dejar de ganarme. Un padre tiene la obligación de ser mejor que su hijo, pensabas, un padre debe ser inalcanzable para su hijo. Eso que no me enseñaste tuve que aprenderlo solo, y ésa es una soledad que desde entonces me acompaña: la del que sabe que no puede confiar en nadie: ni en su padre, ni en sí mismo, ni en las toscas figuras de madera, ni en un tablero aparentemente imparcial. La primera vez que te gané la partida fue la última: nunca volviste a querer jugar conmigo.

Aunque los perros te aterrorizaban, me conseguiste uno: un pastor alemán muy noble al que llamé King. La única condición era que tenía que estar atado cuando llegaras del trabajo. King era un hermano para mí: la fuerza que yo no tenía, la velocidad que yo no tenía, la valentía que yo no tenía, la lejanía que yo no tenía. Al poco comenzaste a golpearle sin que te diera motivos, quizás para demostrarnos que el único rey eras tú. Con el mango de la escoba, con la raqueta de tenis, con las botas de montaña, con la lata de las galletas rellenadas de tierra prensada, con un lío de cuerdas: le golpeabas con rabia y con angustia hasta que el sudor hacía que se te resbalara de la mano el arma que esa noche hubieras elegido. King aullaba y me miraba suplicante y atónito. Yo aullaba en silencio y vomitaba en un rincón oscuro del jardín. El perro, mi hermano, mordía la cadena hasta que las encías le sangraban y los dientes, despedazados, se le caían. En las heridas abiertas de su cabeza y de su cuerpo desovaban las moscas y bebían las garrapatas. Alrededor de su caseta siempre había manchas parduzcas de sangre seca que no borraban ni la lluvia ni la lejía. Un día envenené la comida de King para que no siguiera sufriendo. Luego pensé: por qué no habré echado el veneno en tu comida, padre.

Cuando llegué del colegio y entré en mi habitación te sorprendí sacando monedas de mi hucha. No te diste cuenta y me escondí detrás de la puerta. Con un cuchillo las ibas sacando por la ranura, sacudiendo el cerdito puesto boca abajo para que cayeran más rápido. Sobre la colcha me pareció que había entre diez y veinte, una cantidad suficiente para comprarme al menos dos títulos más de Astérix y Obélix. Te guardaste el montón, colocaste el cerdito en su estantería y saliste de casa. Te seguí agachándome entre los coches, asomándome por las esquinas. Quería saber para qué ibas a usar mi dinero: tabaco, vino, revistas deportivas, apuestas de dominó. En el kiosco vi que comprabas dos cómics de Astérix y Obelix y unos caramelos. Regresé corriendo y me tumbé en la cama con el manual de lengua y literatura abierto. Aún jadeaba cuando tú, sonriente, casi desafiante, me ofreciste los libros diciéndome "deja los deberes por hoy y disfruta, hijo". Los caramelos eran para ti.

El día del terremoto saliste corriendo sin esperarme. Sin esperarme, eso lo recuerdo muy bien porque yo te llamaba desde dentro de la esperanza, ese lugar donde un hijo siempre encuentra a su padre. La lámpara del techo se desprendió a mi lado levantando una polvareda de yeso desmenuzado y alfombrando mi cuarto de cristales. Alguien, quizás un vecino, me cogió en brazos y me llevó escaleras abajo hasta la calle. Hacía frío. Tú habías conseguido una copa de alcohol y conversabas con la estanquera. Estabas abrigado y bien calzado. Yo tiritaba dentro de mi pijama de osos y estaba descalzo. Cuando pasó la alarma nos fuimos un buen grupo a un bar a tomar chocolate con churros. Tus risotadas, padre, todavía las oigo. En el serrín del suelo mis huellas no se cruzaban con las tuyas.

No sé por qué te cuento todo esto. Hace pocos años, cuando mi hija aún no había cumplido los tres, me dijiste que no recordabas nada de cuando yo era niño. Te pareció gracioso y te reíste. Yo me fui al cuarto de baño a llorar mientras tú sobornabas el cariño de tu nieta con billetes de cinco euros. Como no recuerdas nada de cuando yo era un niño te parecerá cruel que exponga un pasado que no puedes reconocer como tuyo. Un pasado al que no puedes dar órdenes. Un pasado que no puedes malvender al ropavejero. No recuerdas nada de cuando yo era niño: esa agresiva desmemoria tuya que te divierte tanto, padre, no sabes qué agujero es, qué pozo abre en mí. Tu olvido es un infierno, una nada que me abrasa. Contra ese infierno yo jamás tendré palabras suficientes.

Los domingos íbamos a un pinar a comer tortilla de patata y fiambres. Luego jugábamos al fútbol. Yo me ponía entre dos troncos y tú chutabas. Yo contaba los goles que me hacías, las paradas que hacía yo. Tú contabas los balonazos que conseguías darme. Cuando me rompías las gafas, dabas el partido por concluido y te echabas una siesta en la hamaca, que tenía que amarrar yo entre los mismos troncos que habían servido de portería. Yo me sentaba en el suelo lejos de ti y me ponía a contar agujas de pino, cigarras, hormigas, sombras, nubes.

Tus ruidos al comer, padre. Gorgoteos, salivaciones, eructos, sonoras masticaciones, chasquidos, pedos. Se me indigestaba la comida asistiendo al espectáculo de cómo tú eras engullido por la tuya. La comida te comía. La comida te usaba para imponerse a todo lo demás: a las conversaciones, a la televisión, a los pensamientos. Me daba asco esa inversión que transformaba el alimento en cosa y le recordaba al apetito su contigüidad con las cañerías. Tu hambre bestial, excluyente. Mojabas la yema de mi huevo, chupabas las cabezas de mis gambas, me cogías las puntas crujientes de mi pedazo de pan, metías tu cuchara en mi yogur de fresa. Sin pedir permiso, sin disculparte, impelido por un hambre sórdida que te tenía todo el día con la boca abierta y pidiendo a gritos, sin levantarte del sillón, un poco de jamón, unas mandarinas, unas tortas de anís, un café con leche.

Pasear contigo, padre. Porque te atemorizaba hacerlo solo: desconocidos, animales, el azar de un accidente. Así que me obligabas a acompañarte. Caminabas tan rápido que apenas podía seguirte, y eso, verme disminuido y vencido, te animaba, te vigorizaba, te daba alas. Yo corría, tropezaba en las piedras; tú volabas contra mí, sin atender el paisaje, sin pararte a contemplar una flor, los tábanos, una herradura oxidada, un rebaño de cabras montesas, sin creer en el afuera, despreciando todo lo que no fuera inmensamente tú. Paseabas para pisotear los caminos, la posibilidad de cualquier camino. Paseabas para borrarme del camino, para hacerme insignificante como camino, para demostrarme que, en todo caso, no se hace camino al andar sino al obedecer, al obedecerte a ti. Paseabas para someterme. También escribo por eso: para recuperar el paisaje, la flor, los tábanos, la herradura oxidada, el rebaño de cabras montesas, el afuera, los caminos. Apártate, padre.

Cuando te ponías a gritar, padre, me subía al olivo del jardín. Me acurrucaba dentro del útero de su copa frondosa. Me doblaba como un bebé y cerraba los ojos. Cerraba los oídos. Cerraba los puños. Me cerraba entero hacia mi desnacimiento. Y desgritar tus gritos, envolverme en un silencio líquido y nutricio, un silencio amniótico, que te hiciera callar desde siempre. Sí, me cerraba a tus gritos como una herida se cierra a quien no tiene derecho a haberla producido. No quería ser el hijo de tus gritos. Una aceituna más, pendía del olivo dispuesto a ser vareado, a ser transportado, a ser macerado o aliñado, a ser prensado. Con tal de que tú no fueras quien iba a hacerme eso. No ser cosechado por tu grito, padre, en eso consistía estar a salvo, ser yo. Colgar de una rama, la más gruesa, como una oliva. Una oliva con el cuello roto. Quién se atrevería, entonces, a escupir mi corazón, ese hueso.

Te amaban, padre. Muchos te aman. Les entiendo porque cuando miras desde tus ojos azules, un azul imposible, los ojos más hermosos que he visto en mi vida, piensan que están muertos, es cierto, pero muertos en ese cielo que tus ojos prometen. Esos ojos son un cielo que creen merecer por gracia tuya. Tú, un dios que acoges unas almas y rechazas otras, todopoderoso y tonante, aquiescente y celoso, belicoso y tierno. Cuando acercas tu rostro al rostro de alguien éste queda preso en la red de tus ojos azules, que se abalanza sobre sus ojos grises, marrones, negros, verdes o azules, aunque nunca tan azules como los tuyos, azules neblinosos, difuminados, borrosos, sucios. Súbditos de repente ciegos que te aman como el cereal ama el sol y la lluvia que lo hace crecer, como el oso ama la cueva donde hiberna. Usas tus ojos para ahogarme. Si me miras demasiado tiempo demasiado cerca me falta la respiración. No soporto esa asfixia a la que me condenas por haberme hecho ateo, por estar luchando para vivir sin dioses y sin cielos, por estar aprendiendo a amar sin la coacción de una red. Por eso tantos de mis poemas se arrancan los ojos: practican una rebelión que acabará arrancándote los tuyos, padre.

Invitaste a cenar en casa a un hombre bajo y albino que abría los brazos y susurraba algo que hacía que salieran chillando los gatos, que recularan gañendo los perros, que acallaba durante horas a la lechuza. Un hombre que presumía de sus contactos. Después de cenar se ofreció a llevarnos a una discoteca. Tú rehusaste porque tenías un viaje al día siguiente, pero me insististe en que fuera con él. Dije que no. Tú dijiste que sí con los dientes apretados, con las comisuras rectas como una navaja recién afilada. Un sí que segaba cualquier no antes de que pudiera madurar. Qué iba a hacer yo con ese señor que aterrorizaba a la acacia de flores amarillas, que caían en remolino a su paso, e incluso al grifo de la pared, que se abría solo y ponía a dar latigazos enloquecidos a la manguera. La discoteca se llamaba Petrarca, un autor al que nunca más he podido volver a leer. Después de unos cuantos bailes torpes, angustiados, me fui al cuarto de baño a refrescarme. Él me siguió y me encerró a la fuerza en uno de los váteres. Dije no. Él dijo sí con las comisuras curvadas como una guadaña. Espero que, fuera cual fuera el negocio que tuvieras entre manos con él, te saliera bien, padre.

Cuando me veías leer te enorgullecías. Al principio pensé que era por mí, porque pensabas que era mejor eso que partir ladrillos a puñetazos, algo a lo que me estaba enseñando un amigo y a lo que me dedicaba después de los deberes. Luego me di cuenta de que te enorgullecías por ti al hacerte recordar yo los años en que, soltero todavía, pasabas las noches leyendo novelas en el cuartucho de una fonda. Tu orgullo era actualizado por tu hijo lector, que te hacía sentir joven y triunfador al mismo tiempo: el joven que aspiraba a triunfar y que buscaba en esos libros claves para el éxito y el triunfador que habías llegado a ser, después de muchos años de esfuerzo, y que ya no necesitaba los libros para crecer o reafirmarse o ni siquiera entretenerse. Verme leer juntaba en ti los dos extremos de tu vida, los hacía coincidir, les daba sentido y coherencia. Verme leer te daba la razón, te hacía tener razón de una vez y para siempre. Pero no, padre: te hubiera dado la razón si, como hiciste tú, yo hubiera dejado en algún momento de leer, si hubiera considerado que la lectura no era sino una palanca para forzar la puerta del éxito. Y por eso sigo leyendo: para no tener éxito, para quitarte la razón, para que de pronto, un día, mirándome leer el enésimo libro, te sientas un viejo fracasado.

Mis novias se quedaban seducidas cuando te las presentaba. Esos ojos azules, ese corazón avinagrado conmigo que se esponjaba con ellas (y también conmigo cuando estaba con ellas), esas anécdotas graciosas que sabías contar, esa galantería sutilmente inquietante que les dedicabas (no tan inquietante como para asustarlas o prevenirlas, pero lo suficiente como para tensar esa parte del deseo que, por difusa, uno se atribuye a sí mismo, a sus pulsiones y hormonas naturales, y no a la presencia de otra persona), esa figura de padre universal que adoptabas. Tácticas baratas que conseguían su propósito: a partir del momento en que te conocían mis novias me dejaban por alguien mucho mayor que yo que en muchos casos resultaba tener también ojos azules. Me dejaban por ti, por alguien como tú. Me dejaban a solas contigo, padre. Sin sus besos, sin sus caricias, sin su sexo, sin sus gemidos, sin sus palabras susurradas. A solas contigo: condenado a ser tú, a ser yo mi propio padre (pero sin ojos azules, sin anécdotas, sin galantería, sin edad suficiente), si es que quería conseguir una novia que no me abandonara.

Cuando se murió tu padre me hiciste llamar. La primera parte del trayecto la hice en avión y la segunda en un taxi cuya luna delantera estalló a mitad de camino. El frío aire frontal que sufrí durante casi cien kilómetros enrojeció mis ojos y los llenó de lágrimas. Tú, al verme, creíste que estaba muy afectado por el fallecimiento del abuelo, y eso te asustó porque tú no lo estabas, o no tanto, y no querías que yo fuera más allá que tú, que yo pareciera en algo (en la capacidad para sentir amor o tristeza en este caso) superior a ti. Me lavé la cara pero ni el enrojecimiento, debido a una conjuntivitis, ni las lágrimas, fruto además del resfriado, se iban. En el entierro fui el deudo al que consolaron con mayor efusión. Tú, enfurecido, me mirabas de reojo y dabas apretones de manos que hacían protestar a los que los recibían. En el viaje de regreso a nuestra ciudad decidí que no iría en taxi a tu entierro, padre, al menos no en un taxi sin cristales. Por tu parte, tardaste tres meses en volver a dirigirme la palabra.

Había decidido marcharme lejos pero no sabía a dónde. Tu sombra parecía abarcar todos los rincones. Desplegué un mapa del mundo en el suelo y arrojé sobre él el contenido de un cuenco: decenas de papelitos con la silueta de un hombre recortada en cada uno de los cuales había escrito tu nombre. Ese monigote repetido que tapaba ciudades, comarcas, islas, mares, cordilleras e incluso países enteros eras tú multiplicándote para vigilar mejor las fronteras. Un guardia patrullando la línea que separa el yo del no-yo, lo finito de lo infinito. Un soldado con la orden de disparar a matar contra todo el que osara poner un pie en la otra orilla. Apenas habían quedado unos cuantos huecos librados a tu atención, unas cuantas manchas vírgenes (atolones, desiertos, la esquina suroeste de Australia, un pequeño país centroamericano todo selva y guerra civil, una decena de poblaciones europeas) a las que no habían llegado tu silueta ni tu nombre. Una de ellas era la India, que había quedado intocada, ajena a tu control, limpia de padres. No lo pensé dos veces y me marché allí. En el bolsillo me guardé uno de esos monigotes, con el cual dialogaba cada vez que te echaba de menos.

He soñado que estabas muerto y que yo era el lugar de tus resurrecciones. Resucitabas en mi rostro cuando se miraba al espejo, en mis manos cuando tecleaban en el cajero automático, en mis piernas cuando subían escalones, en mis gestos, en mis palabras, en mis ritmos, en mis hábitos. Resucitabas también en mi futuro, esa atalaya desde la que me mirabas irme transformando en ti mientras avanzaba. Cómo impedirte, me preguntaba en el sueño, que siguieras resucitando en mí, que ese fantasma que habías llegado a ser se hiciera poco a poco dueño de mi vida. Cómo impedir que hubieras existido alguna vez. Cómo desmorirte y desvivirte y desoñarte. Aun a riesgo de no haber sido yo mismo o precisamente por eso. Escribo para que no hayas existido nunca, padre. Para no haber existido yo mismo. Para protestar por todo lo que existe.

Cuando me rompí los ligamentos de la rodilla me regalaron un volumen dedicado a los insectos. Lo leía en el hospital, miraba las imágenes, les atribuía sonriente mis picores, mis cicatrices (los hilos negros de los puntos que las mantenían cerradas eran sus patas nerviosas, sus élitros auscultando el terreno), mis incomodidades de convaleciente. Gracias a ellos no era un enfermo sino un explorador avanzando por una selva. Un día, sin embargo, y sin haberlo consultado conmigo, se lo diste en mi nombre al cirujano que me había intervenido. Con ese gesto me devolviste de un bofetón a mi condición de ser insignificante y dolorido.

Me despertaste a gritos, dándome patadas. Tardé en darme cuenta de que lo hacías porque habías soñado que yo te había clavado un cuchillo en la garganta, que había separado tu cabeza del tronco, que me había puesto a tirar balonazos con ella contra el resto de tu cuerpo ensangrentado. Me culpabas de tu sueño, me castigabas por haber osado agredirte dentro de él. Sudabas, tenías mal aliento, te olían los pies descalzos. Que no se me ocurriera nunca más entrar en tu sueño, chillabas. Que desapareciera de tu mente. Que te dejara en paz. Entonces me di cuenta de mi poder sobre ti, padre, porque esa pesadilla tuya, en efecto, la había soñado yo infinidad de veces sin haber conseguido hasta entonces que viajara hacia ti, que se metiera en tus sueños. Pero esa noche por fin sí, esa noche había encontrado la puerta de entrada a ellos. Ya sólo tenía que preocuparme de no perder la llave y de protegerme con cojines cuando abrieras por la mañana la puerta de mi cuarto.

UN PADRE MUERE

un padre muere dices digo un padre
que boquea en un cubo como pez

en un cubo vacío un padre muere

un padre muere dices digo un padre
y miras en enchufe (dedos ojos)

porque mirar un padre que se muere
tiene que ver con la electricidad

un padre muere dices digo un rayo
entra por la persiana y corta un pie

todo es cuchilla un pie rueda hasta el suelo

ni siquiera la luz te dices digo

un padre muere dices digo un hueso
pintas rápido un perro y gritas ¡cógelo!
¡entiérralo! ¡tritúralo! (desjuega
un hueso verdadero un perro falso)

un padre muere dices digo un padre
que sorbe y sorbe un zumo que le sorbe

todo el ser y el no ser pañuelos sucios

un padre muere dices digo el padre
de la sonda la venda el llamador

el padre del gotero el de la aguja
el que fecunda cosas con su muerte

un padre muere digo dices no
dices digo que no que no que si

no se muriera entonces pero no
y te lavas las manos frotas frotas

un padre muere dices digo cama
hundiéndose en el mármol zozobrando

y algo dice que digo que le pongan
rocas para que pese (lloro) más

un padre muere dices digo dices
palabras que rebotan un billar

palabras de marfil para una tumba

un padre muere dices la bandeja
y digo la bandeja y la comida
se enfría como el padre como un padre

un padre muere dices y sus manos
reptan hacia mi mano digo y tú

despacio la retiras y sus manos
se detienen al borde de las sábanas

se detienen se crispan dos arañas
venenosas sus manos transparentes

un padre muere dices digo queda
tiempo pero no queda tiempo un padre

aprendiendo el lenguaje del vacío
como un cubo sin pez un padre muerde

el anzuelo del tiempo y se hace nada
no queda tiempo padre digo dices

un padre muere dices digo el padre
que pudiste haber sido y puedes ser

(papá papá no puedes yo tampoco)

APÉNDICES

ORACIÓN POR MIS PADRES

Desde antes de nacer os amaba en los árboles
y en las vías del tren y en las ventanas.
Desde antes de nacer ya nací en vuestros ojos
que miraban las cosas
que yo también vería alguna vez:
los ríos y las casas, la oscuridad y el eco,
los pasos en un suelo de madera, la comida caliente,
el estremecimiento, la compasión, las risas.
Nací de vuestros ojos mirándose en los ojos de la vida.
De vuestra luz de estrella guiando al navegante que llegaría
                                                    [a ser.
De vuestra fe en el tiempo y los abrazos.
Desde antes de nacer os amaba en vosotros,
emboscado en vosotros, creciendo con vosotros:
ni semilla siquiera de futuro
pero sintiendo ya que me cuidabais como el aire a sus aves;
sin nombre todavía
aunque todas las cosas me nombraban ya a mí.
Qué feliz coincidencia la que me trajo al ser:
vuestros ojos cruzándose en un baile,
vuestras manos brotando en el humus regado del deseo,

vuestras palabras limpias construyendo un camino en el
                                                    [que yo
dejaría muy pronto mis huellas diminutas.
Qué feliz coincidencia estar aquí, ser esto, tener sitio.
Sólo por eso os amaría
como un volcán al centro de la tierra,
como una ley a sus repeticiones,
como una cuna a su bebé dormido.
Nací, y fue para siempre, de vuestra alfarería,
del barro del azar y del amor
en el que moldeasteis mis piernas y mis sueños.
Os doy las gracias y también le doy las gracias al sentido
que dicta el crecimiento de las uñas
y el magma en espiral de las constelaciones.
Os doy las gracias por ponerme un pie
en el Origen y el otro en el Fin,
por hacerme misterio y recorrido y reflejo y distancia y
                                              [este punto.
Os doy las gracias por haber creído en la difícil posibilidad
de que yo alguna vez leyera libros
o de que el vino rojo bajara por las suaves comisuras de
                                              [mi amada
hasta mi lengua temblorosa
o de que comprendiera esa antigua verdad que enuncia un
                                          [barco por un río.
Sin vosotros me hubiera perdido el Universo,
las ensaladas, los amigos, el otoño en el sur,
los cuentos de vampiras, el sexo en catarata,
los colores, la luz, el humor, los jerséis.

Sin vosotros no hubiera hallado ningún yo para vestirme
y estaría ambulando por la Nada,
un fantasma del No, un círculo intrazado, un vacío vacío.
Os doy las gracias por haberme rescatado del Nunca y
[del Jamás.
Y le pido a esta mesa
y a la sonrisa de esa niña que juega en el jardín
y al chillido del mono que me exige las sobras
y a la higuera feraz y a las ardillas
y a las nubes lentísimas que aplacan el ardor de mi mirada
y al bolígrafo azul y a la página en blanco
y a los cojines rojos y a los ventiladores:
le pido al mundo y a las cosas que
os cuiden a vosotros tan bien como vosotros me habéis
[cuidado a mí.
Que os cuiden con el mismo amor que ya os tenía
desde antes de nacer en vuestros ojos.

UN POEMA DE LA TRIBU NILA DE LA INDIA

Te hemos llevado, padre,
muy lejos del poblado.

Te hemos llevado, padre,
por un sendero nuevo
que hemos abierto con nuestros machetes
mientras las mujeres
azotan a los niños para que lloren.

Te hemos llevado, padre,
a un lugar que no podrás reconocer
si alguna vez te da por despertarte.

Te vamos a dejar ahí, padre,
y a la vuelta ocultaremos el camino
con hojas y ramitas.
Las mujeres apalean a los perros para que gañen
y a los bueyes para que mujan y babeen.
Las mujeres rompen toda la loza de barro,
convierten los trajes en tiras,
se queman unas a otras con brasas.

No vuelvas, padre,
porque ya no tienes casa ni parientes.
No vuelvas, padre,
porque si lo haces las mujeres nos abandonarán.

Para que no vuelvas, padre,
te vamos a cortar en trocitos
y cada uno lo vamos a esconder en el hueco de un árbol.

Estás muerto, padre,
así que no intentes convencernos de que no.

Padre, no nos persigas
para que te demos aguardiente de arroz
o tortitas con verduras
ni hagas que los tambores suenen solos por las noches
como invitándonos a una danza.

Vete lejos del poblado y no vuelvas, padre,
porque si lo haces
nuestras mujeres se acostarán con nuestros enemigos
y les darán tantos hijos que nos derrotarán.

Estás muerto, padre,
márchate de nuestras cabezas
y déjanos en paz.

EPÍLOGO

José Antonio Garriga Vela

Abro la *Carta al padre* de Jesús Aguado y escucho el silencio de las palabras. El silencio de los gritos, los pensamientos, los sueños. El silencio del miedo: cruel, severo, tenebroso. Oigo también, a lo lejos, el sonido sordo de la felicidad. El silencio de la imaginación. Escucho buenos y malos silencios. Me vienen a la memoria imágenes de la infancia que tenía olvidadas, como si la presencia de un padre despertara al otro. La lectura me deja mudo, me tomo un respiro y vuelvo a retomarla. Al finalizar la *Carta al padre* un rayo cae sobre la mesa de trabajo que tengo delante. La mesa tiembla y yo me estremezco.

Miro el correo que le envié a Jesús Aguado cuando me propuso escribir el prólogo para la reedición de su libro *Carta al padre* que yo no había leído. Acepté sin dudarlo un instante y añadí que no le iba a hacer preguntas ni consultar ninguna duda, como si no lo conociera. Me limitaría a interpretar sus palabras y cuando le entregara el texto confiaba en que manifestase sin tapujos lo que pensaba. La respuesta llegó de inmediato: "Muchísimas gracias, José Antonio. Me parece bien todo lo que dices".

Ahora que he leído la *Carta al padre* no puedo resistir la tentación de enviarle un nuevo correo para confesar que me ha dejado estupefacto y que será un reto escribir sobre un libro impresionante y maravilloso. No menciono su despiadada dureza ni la emoción que me ha provocado.

Leo la *Carta al padre* una y otra vez, tomo notas, pero soy incapaz de hilvanar palabras. Mi padre era sastre, unía con hilvanes los tejidos que después tenía que coser. ¿Por qué yo no consigo enlazar frases ni coordinar ideas? Las figuras fantasmales del padre de Jesús Aguado y del mío se entremezclan y confunden como los afluentes de un mismo río. Los dos se fusionan para facilitarme la tarea. Mi padre esquiaba cuando aún no existían pistas ni telesquí. El día de Navidad del año 1962 nevó en Barcelona y le lancé una bola de nieve, dura como el hielo, que le dio en la nuca. Se volvió y me fulminó con la mirada. "Era un juego, nada más. Un juego", dice la carta y eso mismo hubiera querido responder yo, pero el miedo me impidió hablar. El miedo paraliza. "Llora tus piedras antes de que te aplasten", oigo a su padre cantar bajito.

Hasta el día de hoy sigo sin obtener respuesta del último correo que envié a Jesús Aguado nada más acabar de leer la *Carta al padre*. Quizás él también se quedó sin palabras. En cualquier caso no creo que vaya a recibir contestación hasta que reciba el texto que estoy escribiendo. Así que vuelvo de nuevo la vista atrás. A ese silencio tan ruidoso que me ha envuelto durante toda la lectura. "No quería ser el hijo de tus gritos", dice. La infancia no fue fácil para ninguno de los dos y si lo hubiera sido probablemente no habríamos llegado a ser escritores. Tampoco es sencillo transmitir las sensaciones que me ha producido la lectura de unas imágenes tan hondas y poderosas, delicadas y nauseabundas, bellas y atroces, frágiles y transparentes como lágrimas de cristal. Imágenes que como éstas que permanecen grabadas en la retina: "Hace pocos años, cuando mi hija aún no había cumplido los tres, me dijiste que no recordabas nada de cuando yo era niño. Te pareció gracioso y te reíste. Yo me fui al cuarto de baño a llorar mientras tú sobornabas el cariño de tu nieta con billetes de cinco euros", "Mi padre sólo se acordaba de mí para olvidarme", "Por eso tantos de mis poemas se arrancan los ojos: practican una rebelión que acabará arrancándote los tuyos, padre".

Cuando termino de releer la carta guardo silencio como si acabaran de comunicarme la muerte de todos los padres que hemos tenido a lo largo de la vida. Pienso en los padres que quisimos e incluso admiramos y en los que nos provocaron tanto odio que llegamos a desearles la muerte. Padres héroes y villanos. Me pregunto cómo se puede aplacar el dolor y cuántos de nuestros padres habrían desaparecido sin causar daño si los hijos hubiéramos tenido la capacidad de matarlos con el pensamiento. No hace falta distinguir al padre real del padre soñado, el padre concebido, el padre imaginado. Los distintos padres se solapan y al final no somos capaces de identificar al verdadero: "Tengo dos padres. No tengo ninguno". Hay quien busca al padre por las sombras del pasado con el fulgor de la imaginación y quien huye de su diabólica presencia para encontrar la luz. Cualquiera de los padres puede ser el padre auténtico en un momento u otro, por suerte o por desgracia. Existen distintas armas para consumar la venganza sin que haya que maltratar a nadie. La literatura es el arma de los pacíficos, pero hay versos que matan.

La *Carta al padre* desentierra recuerdos hundidos en las profundas arenas movedizas de la memoria. El padre llegaba cansado del trabajo y se descalzaba para meter los pies en agua. Un suspiro de alivio. A su lado, tú hacías barcos de papel y organizabas batallas navales en los arrecifes de sus dedos: "Cada vez que terminaba una página doble del periódico que estaba leyendo, me la pasaba para que repusiera la flota. Felicidad". Qué sencillo ser feliz y cuánto cuesta conseguirlo. Yo también hacía barcos de papel que, los días de lluvia, echaba a navegar por el borde de la acera hasta que se colaban en la cloaca. "A mi padre le hubiera gustado ser funámbulo. Tender un cable entre dos rascacielos. Pasearse entre los pájaros. Sentirse zarandeado por el viento. Hablarle a Dios al oído, casi de tú a tú", dice la *Carta al padre*. Al final, "Ya anciano y padeciendo de arteriosclerosis, decidí hacerle un regalo: Me convertí en su abismo". Dices que todos los sábados ibais a visitar a tu padre al psiquiátrico: "Cuando nadie me veía, le pegaba un puntapié en la espinilla. Por el brazo roto. Por los moratones. Por el mapa de la rabia que habían dibujado sus puños en mi piel. No las sentía, le daba igual. Patadas de algodón a una montaña".

Veo al padre abrir un bollo de pan y untarlo con margarina. Luego lo veo meter un palo en un hormiguero y aplastarlo contra la miga pringosa. La margarina negra. Juntó las dos partes y se puso a masticar. "Lo aprendí en África. Cuando la guerra. Pero a esto le falta un buen trago de cerveza. ¿Me puedes conseguir una?", dijo. Ese mal gusto que van dejando las batallas de la vida y que sólo se quita con alcohol. Veo al hijo dormido debajo de las mesas de los bares donde el padre y sus amigos bebían a gritos. Veo al padre de madrugada: "Me cogía en brazos y me llevaba tambaleándose a casa. Mi padre me cogía en brazos", dices y repites asombrado. Veo al padre la noche del terremoto salir de casa corriendo sin esperarte. Un vecino te llevó en brazos escaleras abajo hasta la calle: "Estabas abrigado y bien calzado. Yo tiritaba dentro de mi pijama de osos y descalzo. Cuando pasó la alarma nos fuimos un buen grupo a un bar a tomar chocolate con churros. Tus risotadas, padre, todavía las oigo. En el serrín del suelo mis huellas no se cruzaban con las tuyas". Veo al perro, un pastor alemán muy noble al que llamaste King. Al poco de tenerlo en casa, tu padre comenzó a golpearle con violencia sin que le diera motivos: "Un día envenené la comida de King, para que no siguiera sufriendo. Luego pensé: Por qué no habré echado veneno a tu comida, Padre". Veo el cinturón del padre colgado en el respaldo de la silla, un arma cargada que nunca desenfundó, una amenaza muda y constante, peor que un disparo. Veo al padre sacando monedas de tu hucha: "Con un cuchillo las ibas sacando por la ranura, sacudiendo el cerdito puesto boca abajo para que cayeran más rápido". Lo sorprendes en tu habitación al llegar del colegio pero él no se da cuenta. Sale a la calle y tú lo persigues a escondidas como un espía. Los ves comprar dos títulos de Astérix y Obélix y una bolsa de caramelos de menta. Vuelves corriendo a casa. Al rato llega el padre y te regala los libros que ha comprado con tu dinero: "Deja los deberes hoy y distráete, hijo". Los caramelos son para él. Veo un cuento en cada página de esta carta conmovedora. Veo esos continuos detalles que siempre se agradecen. Veo un poema.

Me pregunto por qué yo nunca quise ser padre y por qué tú sí, Jesús. Todavía no he descubierto si responde a una cuestión de egoísmo o generosidad. Me hago la misma pregunta en ambos casos. ¿Qué misterio insondable se oculta detrás de cada una de nuestras decisiones? Leo un párrafo de la *Carta al padre* de Franz Kafka: "Sólo puedes tratar a un niño según te han hecho a ti mismo, con dureza, gritos y cólera, y en tu caso este trato te parecía además muy adecuado, porque querías que de mí saliese un muchacho fuerte y valeroso". Leo esta frase de Jesús Aguado: "Un padre tiene la obligación de ser mejor que su hijo, pensabas, un padre tiene que ser inalcanzable". Los dos echáis de menos la palabra amable, la mano tendida en silencio, la mirada bondadosa. La víspera de la muerte del padre, Jesús Aguado se resarció de los daños morales y las heridas: "Ya no volví a verle con vida. Caramelos de menta: él sabía lo que estaba queriendo decirle". Tal vez recordaste al perro noble e inocente o los caramelos que se compró con el dinero que te había robado. Todo aquello que hizo de ti "Un ser insignificante y dolorido como un insecto".

"Había decidido marcharme lejos pero no sabía a dónde. Tu sombra parecía abarcar todos los rincones", dices. Hasta que un día desplegaste un mapa del mundo en el suelo y arrojaste sobre él los monigotes que habías recortado con la silueta de tu padre. Apenas quedaron unos cuantos huecos que permanecían libres de su amenazadora vigilancia. Unas cuantas manchas vírgenes a las que no había llegado su silueta ni su nombre: "Mi padre era explorador. Ninguna geografía, por remota que fuera, se le resistía. Ninguna excepto yo". Entonces huiste a la India para escapar de la sombra del padre y saturar las heridas a distancia. Ignoro el tiempo que estuviste en Benarés. Allí creaste tu hogar, junto al Ganges. "Un muerto sonríe en el fondo del río", leo sin saber a quién te refieres. Tu padre seguía viviendo lejos de ti, pero ahora se trataba de una distancia física. Ocho mil kilómetros os separaban. Supongo que fue en la casa de Benarés donde escribiste tres versos que hoy elijo como si fuera un epitafio inscrito en las aguas sagradas del río. Tú sabes, Jesús, que hay que azotar la muerte para devolverle la vida y ajustar cuentas pendientes:

"Estás muerto, padre,
márchate de nuestras cabezas
y déjanos en paz".

ÍNDICE